Mach die Bibel zu deinem Buch

Kreative Impulse für die Seele

von Johannes Goldenstein
illustriert von Amelie Persson

DEUTSCHE
BIBEL
GESELLSCHAFT

edition chrismon

Bibliographische Information der Deutschen Nationalbibliothek
Die Deutsche Nationalbibliothek verzeichnet diese Publikation in der Deutschen Nationalbibliographie; detaillierte bibliographische Daten sind im Internet über http://dnb.de abrufbar.

Das Buch wurde auf alterungsbeständigem Papier gedruckt.

Gesamtgestaltung: Amelie Persson words & illustration, ameliepersson.com
Druck und Binden: BELTZ Bad Langensalza GmbH

ISBN 978-3-96038-043-6
www.eva-leipzig.de

ISBN 978-3-438-07425-6
www.dbg.de

Für Enno

Bei der Arbeit mit diesem Buch kann es passieren, dass du schmutzige Finger bekommst, mit Farbe oder Klebstoff kleckerst, dir komische Fragen stellst, länger nachzudenken beginnst und auf völlig neue Ideen kommst.

Anleitung

1. Dieses Buch funktioniert nur zusammen mit einer Bibel.
2. Du kannst einfach irgendwo anfangen.
3. Befolge die Anleitung auf der Seite.
4. Dies ist kein Erklärbuch, sondern ein Buch zum Ausprobieren und Entdecken.
5. Hab keine Angst um das Dünndruck-Papier deiner Bibel.
6. Probiere was aus.
7. Höre zuerst auf dich, dann auf den Bibeltext.
8. Wenn du meinst, „den Text kenn ich ja!", glaub dir nicht gleich.
9. Experimentiere.
10. Wenn du etwas nicht verstehst, frag jemanden, der sich auskennt.*

* Nach bestimmten Wörtern oder Bibelstellen suchen kannst du unter www.bibleserver.com. Eine ganze Reihe Antworten findest du unter www.evangelisch.de und unter www.bibelwissenschaft.de/wibilex/
Über manches möchtest du aber vielleicht mit jemandem reden.
Kein Wunder: Das, worum es in der Bibel geht, hat mit Gemeinschaft zu tun. Suche dir Gesprächspartner. Expertinnen und Experten gibt es ganz in deiner Nähe.

Bevor es losgeht, etwas über dich ...

So sehe ich aus:

Motto oder inspirierendes Zitat:

Dieses Buch wird bearbeitet von:

Kontakt:

Finderlohn (falls dieses Buch verloren geht):

€ / $ / 

Lieblingsgetränk beim Kreativsein:

Lieblingsstift und -farbe:

Hohe Ansprüche, schwer verständliche Texte, Erfahrungen aus einer fremden Zeit ... Was macht die Bibel für dich zu einem „Buch mit sieben Siegeln"? Und was müsste geschehen, damit du in ihr zu schmökern beginnst?

Die Bezeichnung „Buch mit sieben Siegeln" stammt übrigens aus der Bibel selbst. Das kannst du in der Offenbarung des Johannes in Kapitel 5 nachlesen.

Was erwartet dich wohl hinter dieser Tür?

dass du mein Elend ansiehst und kennst die Not m
9 und übergibst mich nicht in die Hände des Feindes;
du stellst meine Füße auf weiten Raum.

(Psalm 31,9)

Lies Hesekiel 47,1-12 und Johannes 10,9.

Schlag die Bibel auf und schau nach einem Text der dich anspricht. Nimm dir ruhig etwas Zeit dafür. Wenn du ihn gefunden hast, schreib ihn ab. Gestalte das, was dir daran wichtig ist, in besonderer Weise: mit einer besonderen Schrift, mit einer Collage aus Erinnerungen, Bildern, Farben, Stichworten ...

Klebstift

4 Du sollst dir [a]kein Bildnis noch ir-
gendein Gleichnis* machen, weder von
dem, was oben im Himmel, noch von
dem, was unten auf Erden, noch von
dem, was im Wasser unter der Erde
ist: 5 Bete sie nicht an und diene ihnen
nicht! Denn ich, der HERR, dein Gott,

„Du sollst dir kein Bildnis machen" (2. Mose 20,4) - klar! Aber welche Farbe(n) hat Gott für dich? Färbe diese Seiten göttlich. Du kannst dafür verschiedene Sorten Farbe benutzen: Bunt- oder Filzstifte, Wasserfarben, Wachsmalkreide, Kohlestifte ...

Schreibe deinen Namen auf. Ganz groß. Klitzeklein.
Mit der Hand, mit der du sonst nicht schreibst.

In Schönschrift!

43 Und nun spricht der HERR, der dich
geschaffen hat, Jakob, und dich ge-
macht hat, Israel: **Fürchte dich nicht,**
denn ich habe dich erlöst; ich habe
dich bei deinem Namen gerufen; du
bist mein! 2 Wenn [a]du durch Wasser

(Jesaja 43,1)

35 Die Wüste und Einöde wird frohlo-
cken, und die Steppe wird jubeln und
wird blühen wie die Lilien.[a] 2 Sie wird blü-
hen und jubeln in aller Lust und Freude.
Die [a]Herrlichkeit des Libanon ist ihr gege-
ben, die Pracht von Karmel und Scharon.
[b]Sie sehen die Herrlichkeit des HERRN,
die Pracht unsres Gottes. 3 Stärkt die mü-
den Hände und macht fest die wankenden

(Jesaja 35,1-2)

Lass diese Seiten blühen.

Sammle hier Sätze, von denen du findest, sie sollten in einer Bibel gar nicht stehen dürfen.

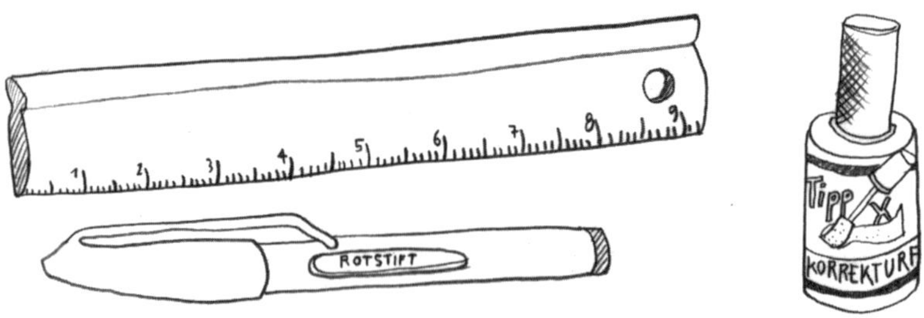

... und hier kannst du sie neu formulieren - so wie du sie richtig findest.

Mach ein paar bunte Fingerabdrücke quer über die Seite. (Tusche oder ein Stempelkissen helfen dir dabei.) Lies dann Psalm 104. Zeichne aus deinen Fingerabdrücken die Figuren, die du im Text findest.

27 [a]Es wartet alles auf dich,
dass du ihnen Speise gebest zu seiner Zeit.
28 Wenn du ihnen gibst, so sammeln sie;
wenn du deine Hand auftust,
so werden sie mit Gutem gesättigt.
29 Verbirgst du dein Angesicht, so erschrecken sie;

(Psalm 104, 27-28)

Stell dir vor, du bist Gott, und außer dir gibt es noch nichts. Was würdest du als Erstes erschaffen? Und wie? Womit? Schreib deine Schöpfungsgeschichte auf.

Schöpfungsgeschichte von

Lies 1. Mose 1-2.

Gibt es ein Kunstwerk oder eine Illustration zu einer Szene aus der Bibel, die dich besonders beeindruckt? Finde ein Foto im Web oder eine Postkarte und klebe sie hier ein. Lies die Szene in der Bibel nach. Schreib dir den Satz daraus auf, der dich besonders anspricht - direkt unter das Foto.

Und welchen Moment hat der Künstler in seinem Bild einzufangen versucht?

Mach die Augen zu und zeichne die Sonne. Wiederhole das Ganze in anderen Maltechniken (z.B. Bleistift, Wasserfarben, Zeichentusche, Kugelschreiber).

136 [a]Danket dem HERRN; denn er ist freundlich,
denn seine Güte währet ewiglich.
7 [a]Der große Lichter gemacht hat,
denn seine Güte währet ewiglich:
8 die Sonne, den Tag zu regieren,
denn seine Güte währet ewiglich;
9 den Mond und die Sterne, die Nacht zu regieren,

(Psalm 136,1 und 7-8)

Du kennst jemanden richtig gut - und plötzlich siehst du ihn oder sie in einem ganz neuen Licht. Schon mal erlebt? Male, beschreibe, rekonstruiere dein „Aha"-Erlebnis.

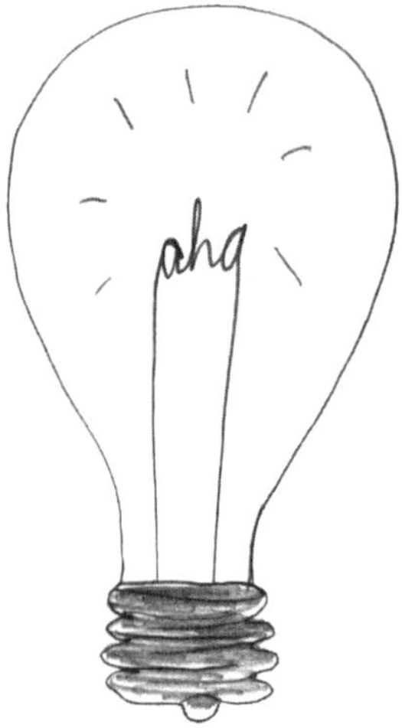

Und danach lies Markus 9,2-8.

[20] Ich [a]schreie zu dir, aber du antwortest
mir nicht; ich stehe da, aber du achtest
nicht auf mich. [21] Du hast dich mir ver-

(Hiob 30,20)

Hast du dich von Gott schon einmal so richtig ungerecht behandelt gefühlt? Erinnere dich an die Situation und schreib sie hier auf. Dann reiß die Seite heraus, zerknüll sie und wirf sie Gott vor die Füße.

Was bedeutet für dich Freiheit? Fülle diese Seite mit Freiheit für dich.

Hoffnung; 21 denn **auch die Schöpfung**
wird frei werden von der Knechtschaft
der Vergänglichkeit zu der herrlichen
Freiheit der Kinder Gottes. 22 Denn wir
wissen, dass die ganze Schöpfung bis zu

(Römer 8,21)

Ich hebe meine Augen auf zu den Bergen.
Woher kommt mir Hilfe?
2 Meine Hilfe kommt vom HERRN

(Psalm 121,1)

Mach deine persönliche Liste: Wen würdest du wofür um Hilfe bitten? Wen hast du schon mal um Hilfe gebeten? Wem hast du schon mal geholfen?

Welche Hilfe erwartest du von Gott?

Welche Gestalt in der Bibel beeindruckt dich besonders?
Notiere dir hier die Fragen, die du ihr in einem Interview gern stellen würdest. Wo würdest du sie am liebsten treffen?

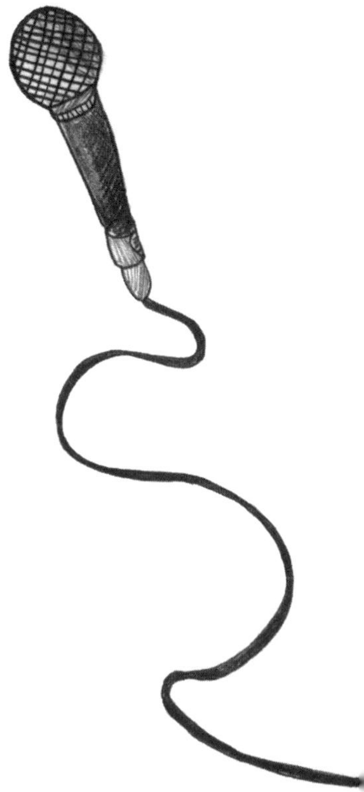

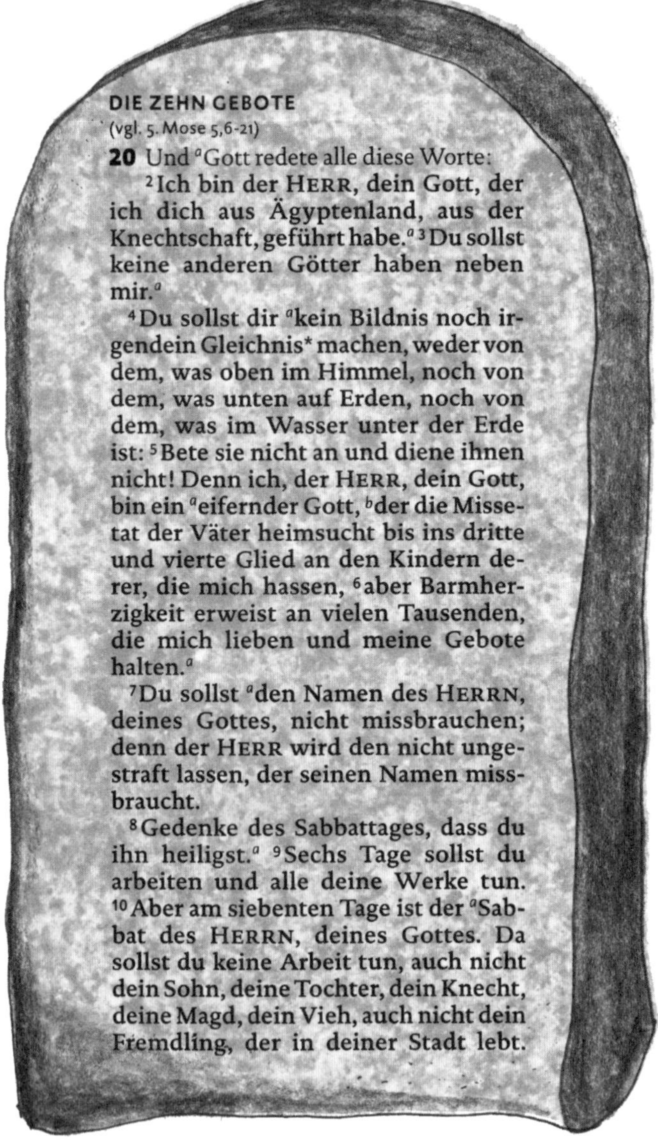

DIE ZEHN GEBOTE
(vgl. 5. Mose 5,6-21)
20 Und [a]Gott redete alle diese Worte:
2 Ich bin der HERR, dein Gott, der
ich dich aus Ägyptenland, aus der
Knechtschaft, geführt habe.[a] 3 Du sollst
keine anderen Götter haben neben
mir.[a]
4 Du sollst dir [a]kein Bildnis noch ir-
gendein Gleichnis* machen, weder von
dem, was oben im Himmel, noch von
dem, was unten auf Erden, noch von
dem, was im Wasser unter der Erde
ist: 5 Bete sie nicht an und diene ihnen
nicht! Denn ich, der HERR, dein Gott,
bin ein [a]eifernder Gott, [b]der die Misse-
tat der Väter heimsucht bis ins dritte
und vierte Glied an den Kindern de-
rer, die mich hassen, 6 aber Barmher-
zigkeit erweist an vielen Tausenden,
die mich lieben und meine Gebote
halten.[a]
7 Du sollst [a]den Namen des HERRN,
deines Gottes, nicht missbrauchen;
denn der HERR wird den nicht unge-
straft lassen, der seinen Namen miss-
braucht.
8 Gedenke des Sabbattages, dass du
ihn heiligst.[a] 9 Sechs Tage sollst du
arbeiten und alle deine Werke tun.
10 Aber am siebenten Tage ist der [a]Sab-
bat des HERRN, deines Gottes. Da
sollst du keine Arbeit tun, auch nicht
dein Sohn, deine Tochter, dein Knecht,
deine Magd, dein Vieh, auch nicht dein
Fremdling, der in deiner Stadt lebt.

Die Zehn Gebote (2. Mose 20,1-20 und 5. Mose 5,1-22)
Gibt es unter den Zehn Geboten eines, das du streichen würdest? Warum? Und welches würdest du stattdessen ergänzen?

11 Denn in sechs Tagen hat der HERR
Himmel und Erde gemacht und das
Meer und alles, was darinnen ist, und
ruhte am siebenten Tage. Darum seg-
nete der HERR den Sabbattag und hei-
ligte ihn.[a]
12 Du sollst deinen Vater und deine
Mutter ehren, auf dass du lange lebest
in dem Lande, das dir der HERR, dein
Gott, geben wird.[a]
13 Du sollst nicht töten.[a]
14 Du sollst nicht ehebrechen.[a]
15 Du sollst nicht stehlen.[a]
16 Du sollst nicht falsch Zeugnis reden
wider deinen Nächsten.[a]
17 Du sollst nicht begehren deines
Nächsten Haus. Du sollst nicht be-
gehren deines Nächsten Frau, Knecht,
Magd, Rind, Esel noch alles, was dein
Nächster hat.[a]
18 Und alles Volk sah den Donner und
die Blitze und den Ton der Posaune und
den Berg rauchen. Als sie aber solches sa-
hen, flohen sie und blieben in der Ferne
stehen 19 und sprachen zu Mose: Rede du
mit uns, wir wollen hören; aber lass Gott
nicht mit uns reden, wir könnten sonst
sterben. 20 Mose aber sprach zum Volk:
Fürchtet euch nicht, denn Gott ist gekom-
men, euch zu [a]versuchen, damit ihr's vor
Augen habt, wie er zu fürchten sei, und
ihr nicht sündigt. 21 So stand das Volk von
ferne, aber Mose nahte sich [a]dem Dunkel,
darinnen Gott war.

Zeichne an einem Montag eine einzige Sache auf diese Seite: eine Form, ein Wort, eine Linie, ein Zeichen, ...
Füge an den nächsten fünf Tagen jeden Tag etwas hinzu - egal, was dir gerade in den Sinn kommt.
Wenn du jeden Tag ein Foto zur Dokumentation machst, kannst du später sehen, wie das Bild gewachsen ist: dein persönlicher „Schöpfungsbericht".

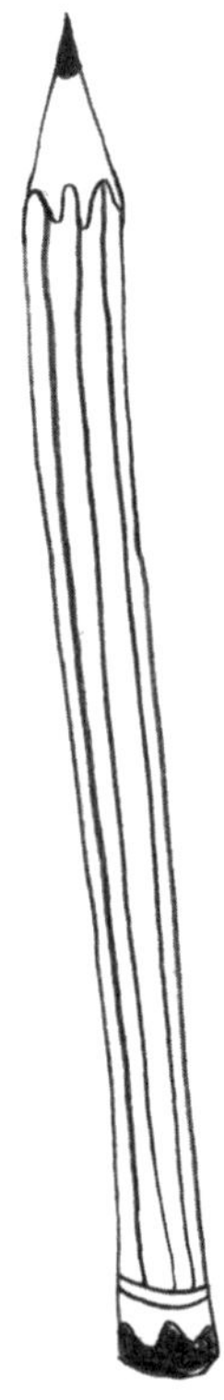

Kraut zur Nahrung gegeben. Und es ge-
schah so.[a] 31 **Und Gott sah an alles, was er
gemacht hatte, und siehe, [a]es war sehr
gut.** Da ward aus Abend und Morgen der
sechste Tag.
2 So wurden vollendet Himmel und

(1. Mose 1,31)

Schau dir am 7. Tag (Sonntag) das Ergebnis an. Schreib den ersten Gedanken auf, der dir in den Sinn gekommen ist.

den Leuten zertreten.
[14] **Ihr seid [a]das Licht der Welt.** Es kann
die Stadt, die auf einem Berge liegt, nicht
verborgen sein. [15] Man zündet auch nicht

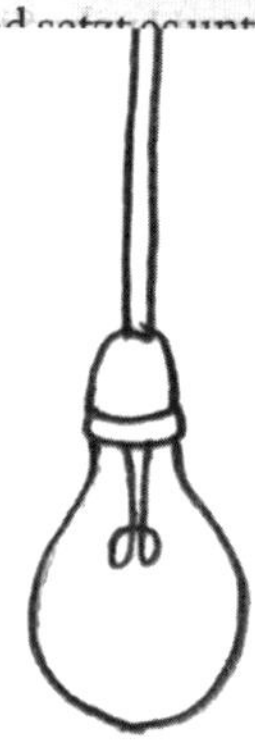

(Matthäus 5,14ff.)

Mach auf dieser Seite das Licht an -
für die Welt.

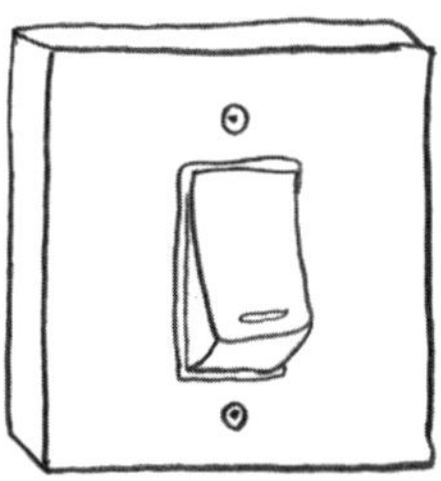

sehen; denn kein Mensch wird leben,
der mich sieht.[a] 21 Und der HERR sprach
weiter: Siehe, es ist ein Raum bei mir, da
sollst du auf dem Fels stehen.[a] 22 Wenn
dann [a]meine Herrlichkeit vorübergeht

(2. Mose 33,21)

Wie sieht der Raum aus, den du bei Gott haben möchtest?
Hier kannst du ihn gestalten.

Hier kannst du dich einmal so richtig austoben.

9 Wenn ein Weiser mit einem Toren
rechtet, so tobt der oder lacht, aber es gibt
keine Ruhe.

(Sprüche 29,9)

Lies Jona 3,1-4,11.

Jede Menge Sprichwörter und Redewendungen, die wir benutzen, stammen aus der Bibel. Welche Wörter, Sprach-Bilder oder Sätze aus der Bibel findest du so gut, dass du sie in deine Sprache übernehmen möchtest?

– Otterngezücht

– „Da stehen dir die Haare zu Berge."

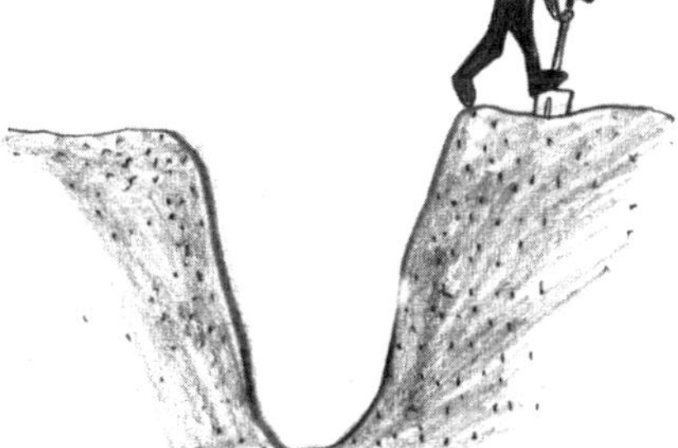

» Wer anderen eine Grube gräbt, fällt selbst hinein. «

Mach aus der gegenüberliegenden Seite eine Friedenstaube. Im Internet findest du Videos, die dir genau zeigen, wie das geht. (Suche nach „Origami“ und „Taube“.)

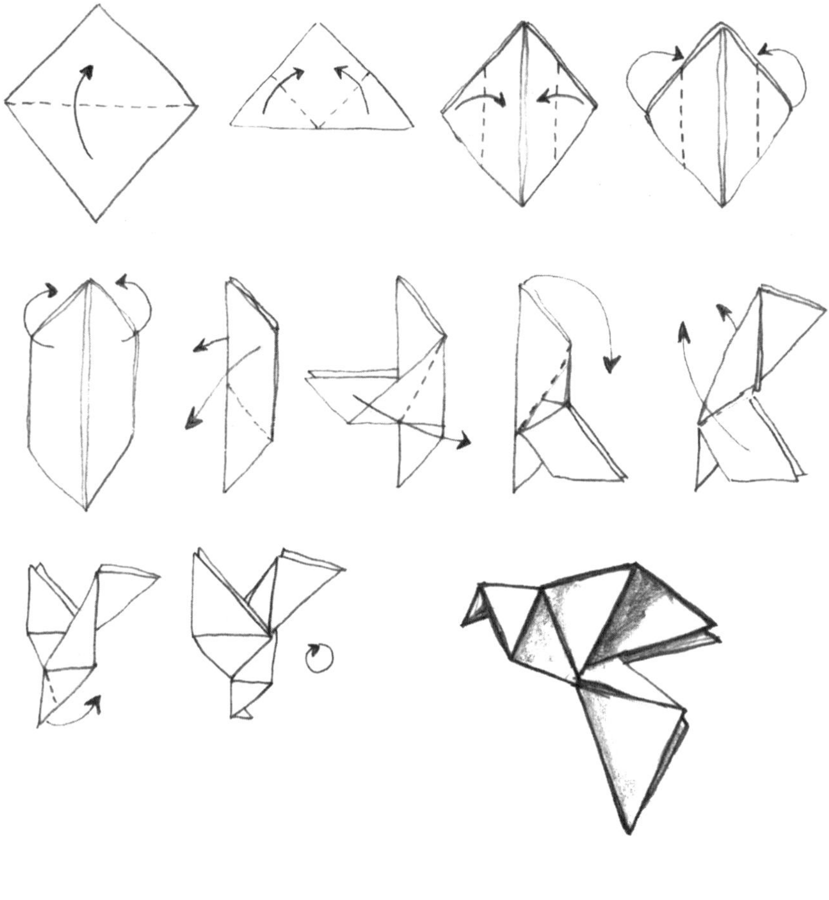

[Auszug aus einer Origami-Anleitung für eine Taube]

Wenn du die Seite nicht heraustrennen willst, kannst du natürlich auch ein anderes Blatt Papier dafür benutzen.

Lies 1. Mose 8,1-2.

Nimm dir einen Moment Zeit und höre auf die Geräusche um dich herum. Versuche dich auf einzelne davon zu konzentrieren. Male die Geräusche: Für hohe Töne male Kreise. Für tiefe Töne male Linien.

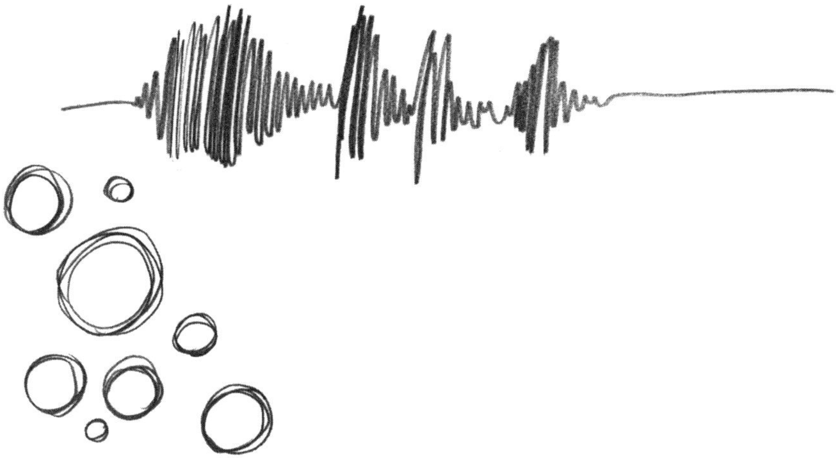

lobet ihn mit klingenden Zimbeln!
6 **Alles, [a]was Odem hat, lobe den HERRN!**
Halleluja!

(Psalm 150,6)

Bestreiche eine Fläche auf dieser Seite mit Klebstoff. Streue Sand oder Grieß darauf. Wenn nötig, drücke ihn fest. Puste weg, was zu viel ist.

da ich gebildet wurde unten in der Erde.
16 Deine Augen sahen mich,
da ich noch nicht bereitet war,
und [a]alle Tage waren in dein Buch geschrieben,
die noch werden sollten und von denen keiner da war.
17 Aber [a]wie schwer sind für mich, Gott, deine Gedanken!
Wie ist ihre Summe so groß!
18 Wollte ich sie zählen, so wären sie mehr als der Sand:
[a]Wenn ich aufwache, bin ich noch immer bei dir.

(Psalm 139,16-18)

Welcher Satz in der Bibel ist so gut, dass du bedauerst, dass er nicht dir zuerst eingefallen ist? Gestalte ihn in diesem Bilderrahmen.

2 [a]Gott, mein Herz ist bereit,
ich will singen und spielen. Wach auf, meine Seele*!

(Psalm 108,2)

Was wolltest du deiner Seele schon immer mal sagen?
Hier kannst du es tun.

Liebe Seele,
...

1) Zeichne auf diese Seite etwas: eine Form, ein Muster, ein Wort, ein Bild.
2) Bitte jemanden, etwas hinzu zu zeichnen.
3) Nun bist du wieder dran: Verändere das Bild.

Wiederhole Schritt 2 und 3 ein paarmal.

seid Gottes Ackerfeld und Gottes Bau.
10 Nach Gottes Gnade, die mir gegeben ist,
habe ich [a]den Grund gelegt als ein weiser
Baumeister; ein anderer baut darauf. Ein
jeder aber sehe zu, wie er darauf baut.
11 **Einen andern Grund kann niemand**

(1. Korinther 3,10)

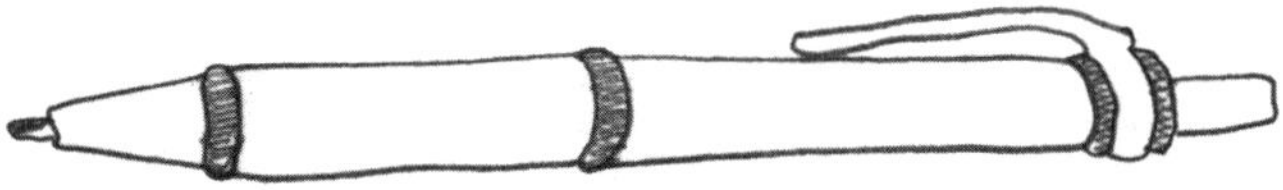

Lies 1. Korinther 3,5-17.

Auf dieser Seite kannst du Schäfchen zählen.

3Er sagte aber zu ihnen dies Gleichnis
und sprach: 4Welcher Mensch ist unter
euch, der hundert Schafe hat und, wenn
er eines von ihnen verliert, nicht die neun-
undneunzig in der Wüste lässt und geht
dem verlorenen nach, bis er's findet?[a]
5Und wenn er's gefunden hat, so legt

(Lukas 15,4)

Fülle die Doppelseite mit 100 Schafen.

Klebe hier ein Bild ein, das dir nicht gefällt. Verändere es so, dass etwas ganz Anderes daraus wird.

sein; denn das Erste ist vergangen.
5 Und der auf dem Thron saß, sprach:
[a]**Siehe, ich mache alles neu!** Und er
spricht: Schreibe, denn diese Worte sind
wahrhaftig und gewiss! 6 Und er sprach
zu mir: Es ist geschehen. [a]**Ich bin das A**

(Offenbarung 21,5)

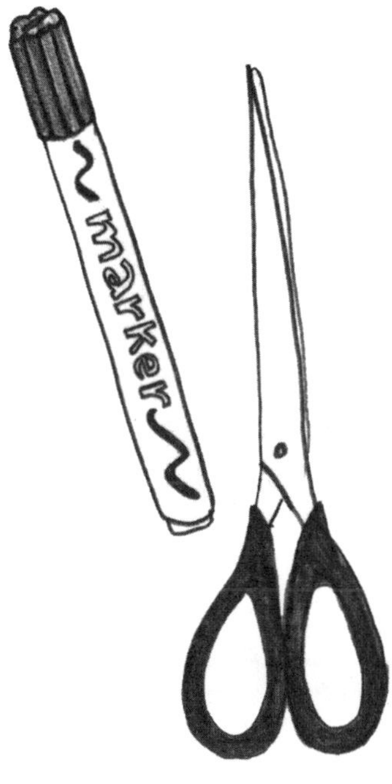
marker

Gibt es etwas, wovor du richtig Angst hast?
Schreib es hier hin. So, als ob du es jemandem anvertraust.
Und nun schreib dir zwei Sätze aus der Bibel dazu, von denen du denkst, sie könnten dir helfen, wenn du diese Angst erlebst.
Vielleicht musst du sie dir von jemand anders sagen lassen ...
Fällt dir jemand ein, den du fragen möchtest?
Oder du suchst selbst, zum Beispiel in den Psalmen.

Bastele aus der gegenüberliegenden Seite einen Papierbecher: Trenne die Seite heraus, rolle daraus einen Zylinder und klebe ihn zusammen. Fülle den Becher mit Wasser.
Schau, wie es überläuft.
Womit bist du voll beschenkt?

dein Stecken und Stab trösten mi
5 **Du bereitest vor mir einen Tisch**
im Angesicht meiner Feinde.
Du salbest mein Haupt mit Öl
und [a]schenkest mir voll ein.
6 Gutes und Barmherzigkeit werden

(Psalm 23,5)

Falls du gerade eine leere Seite brauchst ...

Besorge eine Sticknadel und Faden. Sticke auf diese Seiten dein Lieblingswort aus der Bibel.

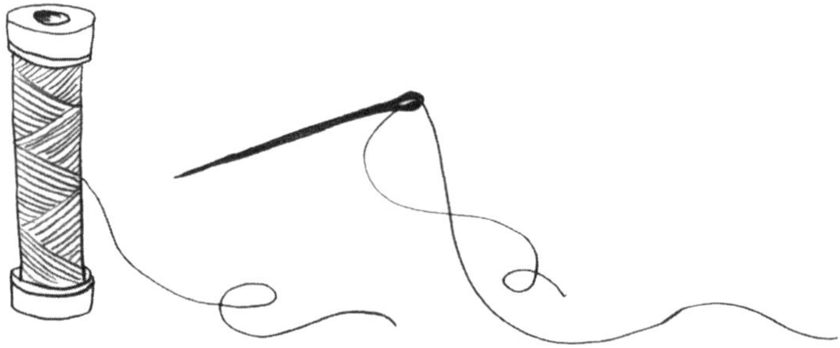

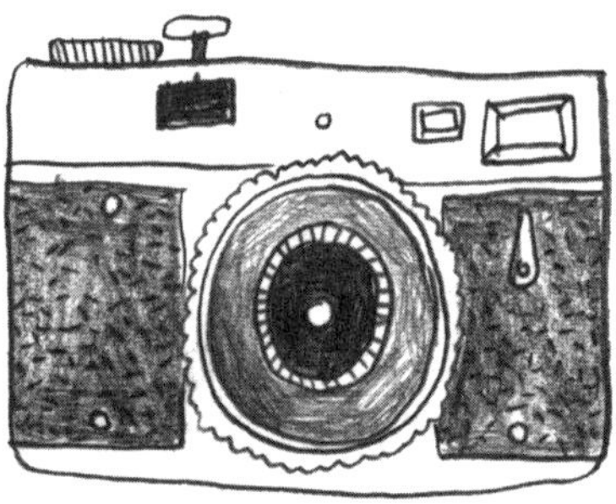

Mach eine Woche lang jeden Morgen nach dem Aufstehen ein Foto von deinem Bett und klebe die Bilder auf den folgenden Seiten ein.

HERR, du erforschest mich
und kennest mich.
2 Ich sitze oder stehe auf, so weißt du es;
du verstehst meine Gedanken von ferne.
3 Ich gehe oder liege, so bist du um mich
und siehst alle meine Wege.
4 Denn siehe, es ist kein Wort auf meiner Zun

(Psalm 139,1-3)

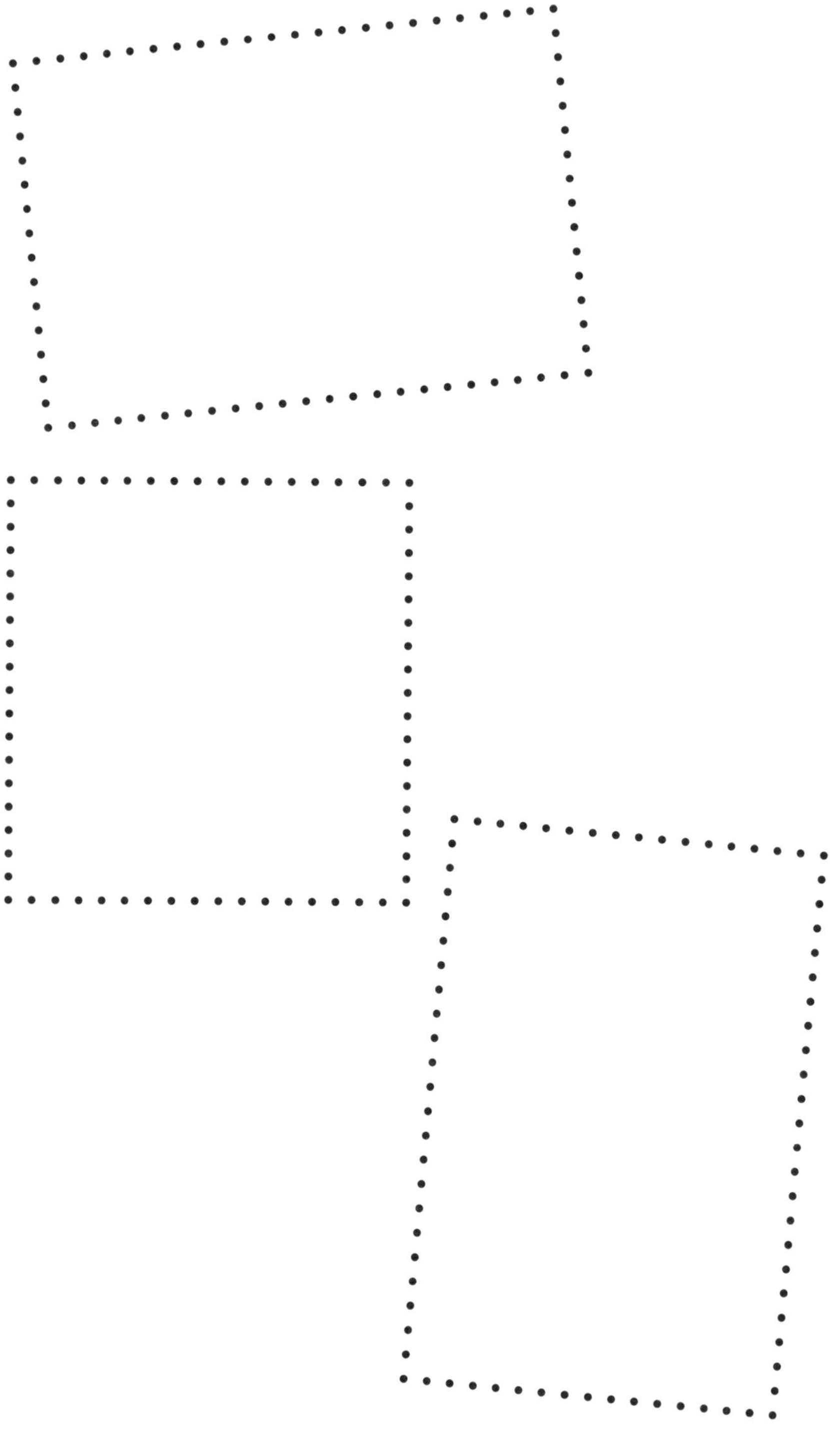

„Herr, deine ___________ reicht, so weit der Himmel ist."

Mach deine Liste der „Top Ten" himmelweiten Eigenschaften Gottes.

-
-
-
-
-

Top 10

-
-
-
-
-

6 HERR, deine Güte reicht, so weit der Himmel ist,
und deine Wahrheit, so weit die Wolken gehen.

(Psalm 36,6)

Sammle auf dieser Seite, was dir heilig ist.

ders Auge ziehen.

6 Ihr sollt das Heilige nicht den Hunden geben, und eure Perlen sollt ihr nicht vor die Säue werfen, damit die sie nicht zertreten mit ihren Füßen und sich umwenden und euch zerreißen.[a]

(Matthäus 7,6)

Zeichne deinen Lieblingsbaum. Sammle Blätter, presse und trockne sie und klebe sie ein. Nimm einen Pinsel und Wasser und lege Wasserbäche für deinen Baum an. Das Papier darf ruhig richtig nass werden!

Wüste, im unfruchtbaren Lande, wo nie-
mand wohnt. 7 **Gesegnet ist der Mann,**
[a]der sich auf den HERRN verlässt und
dessen Zuversicht der HERR ist. 8 Der
ist [a]wie ein Baum, am Wasser gepflanzt,
der seine Wurzeln zum Bach hin streckt.
Denn obgleich die Hitze kommt, fürch-
tet er sich doch nicht, sondern seine Blät-
ter bleiben grün; und er sorgt sich nicht,
wenn ein dürres Jahr kommt, sondern
bringt ohne Aufhören Früchte.
9 Es ist das Herz ein trotzig und ver-

(Jeremia 17,7-8)

Dokumentiere die verstreichende Zeit.

und spreche: Du bist mein Gott!
16 [a]**Meine Zeit steht in deinen Händen.**
Errette mich von der Hand meiner Feinde
und von denen, die mich verfolgen.
17 [a]Lass leuchten dein Antlitz über deinem Knecht

(Psalm 31,16)

Klebe hier irgendeine Seite aus einer Zeitung oder einer Zeitschrift ein. Lies den Text. Gibt es etwas, worum du Gott bitten möchtest? Markiere dir die Stelle.

tun.
25 Brüder und Schwestern, betet auch für
uns. 26 Grüßt alle mit dem heiligen Kuss.[a]
27 Ich beschwöre euch bei dem Herrn

(1. Thessalonicher 5,25)

Bitte jemand, etwas für dich zu tun. Dokumentiere auf dieser Seite, wie es dir damit ergangen ist.

9 Und ich sage euch auch: [a]**Bittet, so wird
euch gegeben; suchet, so werdet ihr
finden; klopfet an, so wird euch auf-
getan.** 10 **Denn wer da bittet, der emp-
fängt; und wer da sucht, der findet; und
wer da anklopft, dem wird aufgetan.**
11 Wo bittet unter euch ein Sohn den

(Matthäus 7,7; Lukas 11,9)

Sammle auf dieser Seite Segen.

nen und sprich: So sollt ihr sagen zu den
Israeliten, wenn ihr sie [a]segnet: 24 **Der**
HERR segne dich und behüte dich;[a]
25 **der HERR lasse sein Angesicht leuch-**
ten über dir und sei dir gnädig;[a] 26 **der**
HERR hebe sein Angesicht über dich
und gebe dir Frieden.[a] 27 So sollen sie
meinen Namen auf die Israeliten legen

(4. Mose 6,24-26)

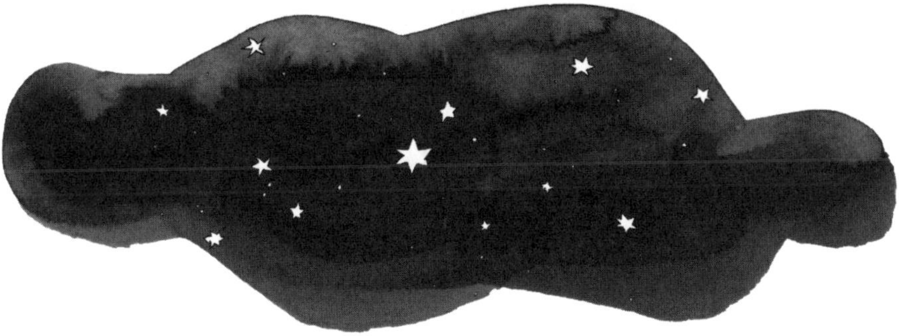

1) Schreibe auf diese Seite Psalm 23. Schreib dabei jeden Satz in eine eigene Zeile.
2) Schneide dann die Zeilen einzeln aus.
3) Setze die Zeilen neu zusammen - wie ein Gedicht. Wenn dir ein Wort fehlt, schreib es in eine neue Zeile dazwischen.

Der
mir
ist
nicht
Herr
mein
Hirte
mangeln

Notiere hier den Text aus der Bibel, dessen Vertonung dich mitten ins Herz getroffen hat. Erinnerst du dich, wann das war? Und wo? Was ist für dich das Besondere an ihr? Besorg dir die Noten der ersten Takte und klebe sie hier ein. Und wenn es davon im Web ein Video gibt, schreib dir den Link dazu.

Hier ist Platz für das, was dich traurig macht.

9 Zähle die Tage meiner Flucht, /
sammle meine Tränen in deinen Krug;
ohne Zweifel, du zählst sie.
10 Dann werden meine Feinde zurückwei

(Psalm 56,9)

Lies Psalm 30,12 und Offenbarung 21,4.

Bastele aus der gegenüberliegenden Seite eine Krone. Setze sie dir auf. Betrachte dich damit im Spiegel.

und was in ihm ist, seinen heiligen Namen!
2 **Lobe den HERRN, meine Seele,**
und [a]vergiss nicht, was er dir Gutes getan hat:
3 **der dir [a]alle deine Sünde vergibt**
und heilet alle deine Gebrechen,
4 **der dein Leben vom Verderben erlöst,**
der dich krönet mit Gnade und Barmherzigkeit,
5 der deinen Mund fröhlich macht*

(Psalm 103,2a.4b)

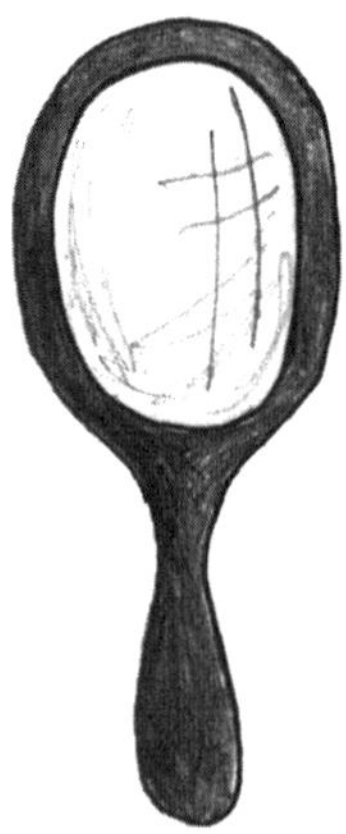

Lies auch Psalm 8,5-6.

Klebefläche

Mach drei Tage nacheinander ein Foto von deinen verstrubbelten Haaren und kleb es auf den nächsten Seiten ein.

Jesus sagt:

von jedermann um meines Namens wil-
len.[a] 18 Und kein Haar von eurem Haupt
soll verloren gehen.[a] 19 Seid standhaft, und
ihr werdet euer Leben gewinnen.[a]

(Lukas 21,18-19)

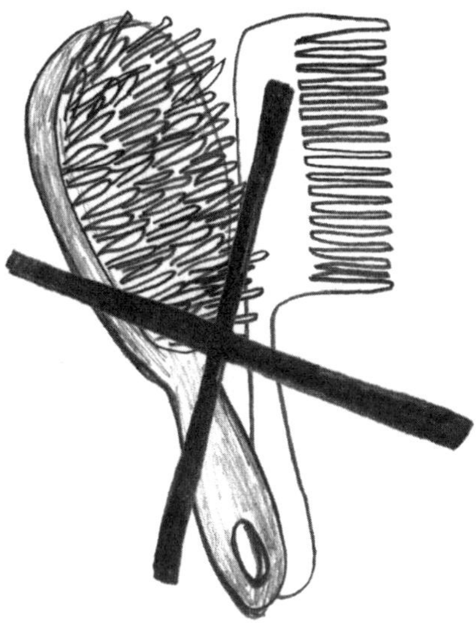

Schreib mit dem Finger, was dir gerade durch den Kopf geht.

du? 6 Das sagten sie aber, um ihn zu versu-
chen, auf dass sie etwas hätten, ihn zu ver-
klagen. Aber Jesus bückte sich nieder und
schrieb mit dem Finger auf die Erde. 7 Als
sie ihn nun beharrlich so fragten, richtete

(Johannes 8,6)

Lies Johannes 8,2-12. Was hat Jesus wohl geschrieben?

Dies ist der Stern von Bethlehem. Dokumentiere auf dieser Seite deinen Weg zur Krippe. Fange am 1. Advent an und füge jeden Tag etwas hinzu. Notiere dir, wann du angekommen bist.

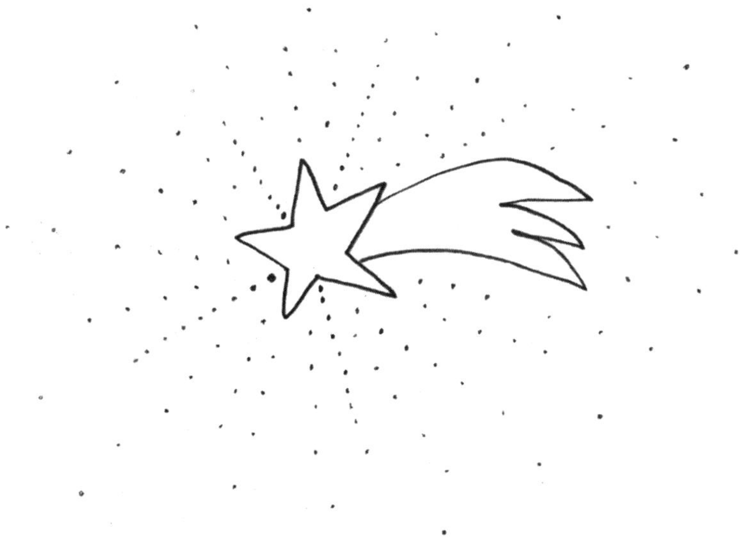

Eine Aufgabe für die Tage von Aschermittwoch bis Karfreitag:
Füge diesen Seiten jeden Tag eine Linie hinzu.

Gestalte dein persönliches Kreuz: Woran hast du am schwersten zu tragen? Was könnte helfen? Wer könnte Hilfe geben?

JESU WEG NACH GOLGATHA

26 Und als sie ihn abführten, ergriffen sie
einen, Simon von Kyrene, der vom Feld
kam, und legten das Kreuz auf ihn, dass
er's Jesus nachtrüge.
27 Es folgte ihm aber eine große Volks-

(Lukas 23,26)

Lies Matthäus 11,29-30.

liche nicht erben die Unverweslichkeit.
51 [a]Siehe, ich sage euch ein Geheimnis:
Wir werden nicht alle entschlafen, wir
werden aber alle verwandelt werden;
52 und das plötzlich, in einem Augenblick,
zur Zeit der letzten Posaune. Denn [a]es
wird die Posaune erschallen und die Toten
werden auferstehen unverweslich, und
wir werden verwandelt werden. 53 Denn
dies Verwesliche muss anziehen die Un-
verweslichkeit, und dies Sterbliche muss
anziehen die Unsterblichkeit.[a]

(1. Korinther 15,51-53)

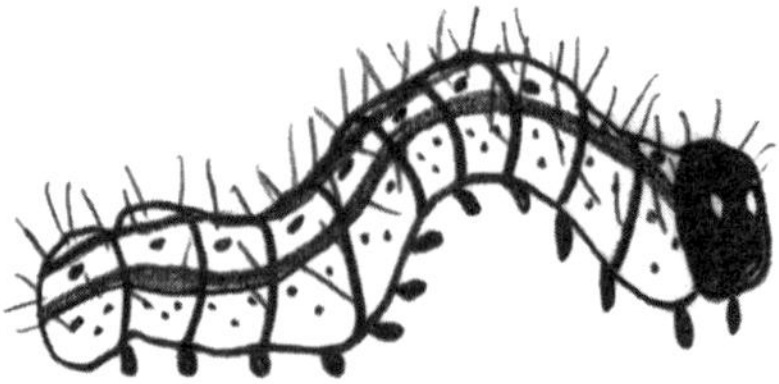

Auferstehung? Könnte so aussehen ...

Mach zwei Ausdrucke eines Fotos von dir. Klebe eines auf dieser Seite ein und das andere auf der Seite gegenüber. Kennzeichne mit Kringeln oder Pfeilen auf dem ersten Foto, was du gar nicht an dir leiden kannst. Wenn es Sachen sind, die man auf dem Foto nicht sehen kann, schreib sie dazu.

Schreib unter das Foto den ersten Satz aus Psalm 139,14.

Schlage die Bibel an einer beliebigen Stelle auf und fange an zu lesen. An welchem Wort bleibst du hängen? Schreibe es wieder und wieder.

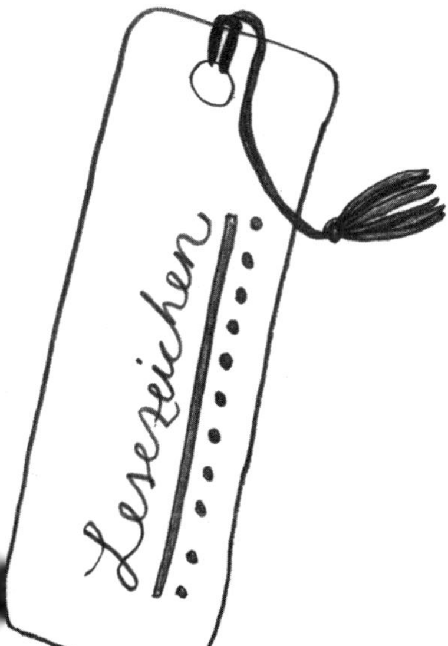
Lesezeichen

Skizziere deinen Lebensweg: Gabelungen, Sackgassen, steile Anstiege, tiefe Täler, wichtige Wegweiser, neue Ziele ...

11 **Du tust mir kund den Weg zum Leben:**
Vor dir ist Freude die Fülle
und Wonne zu deiner Rechten ewiglich.

(Psalm 16,11)

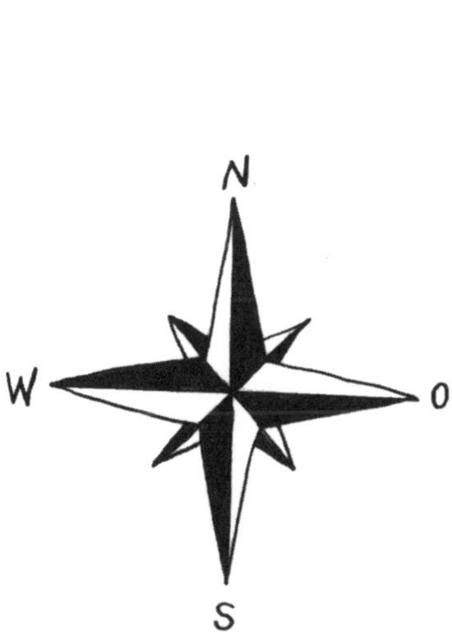
N
W
O
S

Lies Lukas 1,26-38. Was ist Maria wohl durch den Kopf gegangen, als der Engel verschwand? Schreibe es hier auf.

Versuche das Gleiche mit Johannes 20,24-29: Was hätte Thomas am Abend dieses Tages wohl in sein Tagebuch geschrieben?

Male etwas Abscheuliches.

und du deinen Fuß nicht an einen Stein stößest.
13 Über Löwen und Ottern wirst du gehen
und junge Löwen und Drachen niedertreten.[a]
14 »Er liebt mich, darum will ich ihn erretten;
er kennt meinen Namen, darum will ich ihn schützen.
15 Er [a]ruft mich an, darum will ich ihn erhören; /

(Psalm 91,13-14)

Schreib dein eigenes Evangelium.

Evangelium nach

Gestalte dieses Herz so, wie sich deines heute anfühlt: fröhlich, matt, hart, sehnsuchtsvoll, aufgeregt ...
Lies Hesekiel 36,26.

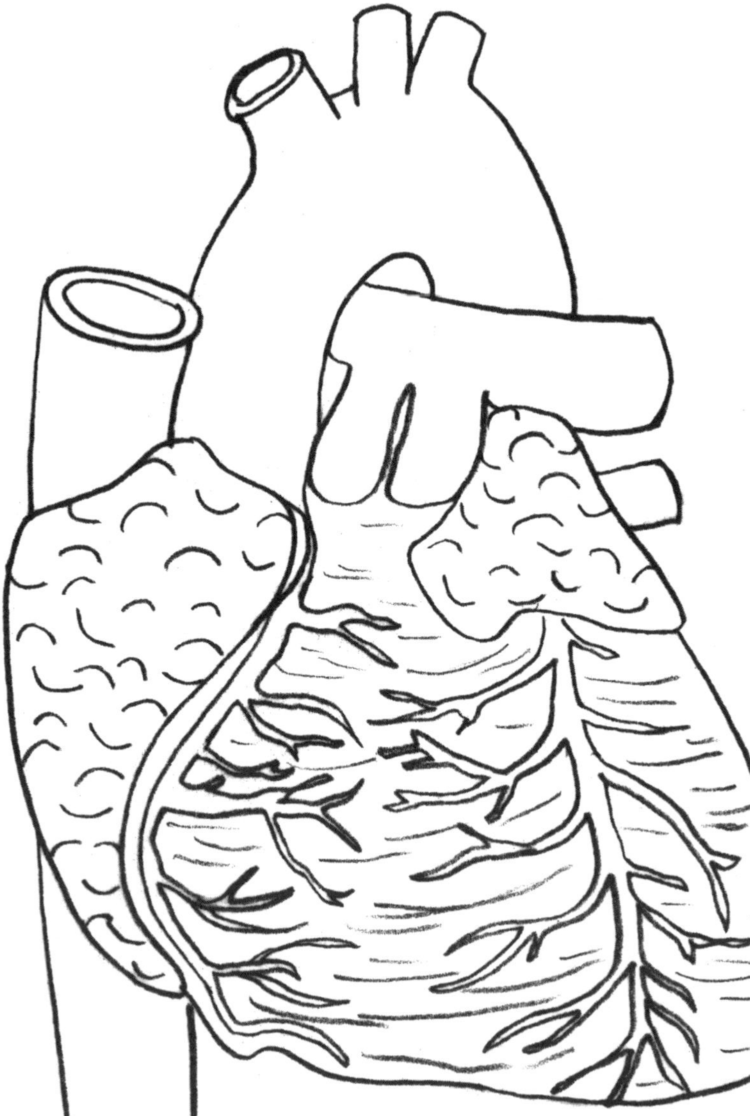

welt durch den, der uns geliebt hat.
38 Denn ich bin gewiss, dass weder Tod
noch Leben, weder Engel noch [a]Mäch-
te noch Gewalten, weder Gegenwärti-
ges noch Zukünftiges, 39 weder Hohes
noch Tiefes noch irgendeine andere
Kreatur uns scheiden kann von der
Liebe Gottes, die in Christus Jesus ist,
unserm Herrn.

(Römer 8,38-39)

Wer oder was versucht, sich zwischen dich und Gottes Liebe zu stellen?

Dokumentiere eine Mahlzeit.

118 [a]Danket dem HERRN; denn er ist freundlich,
und seine Güte währet ewiglich.

(Psalm 118,1 und noch sechs mal im Alten Testament)

Bearbeite diese Seite mit Materialien, die auf der anderen Seite des Papiers durchscheinen. Sieh zu, dass so viel wie möglich durchscheint. Betrachte das Ergebnis eine Zeit lang.

klug wie ein Kind; als ich aber ein Mann
wurde, tat ich ab, was kindlich war. 12 Wir
[a]sehen jetzt durch einen Spiegel in einem
dunklen Bild; dann aber von Angesicht zu
Angesicht. Jetzt erkenne ich stückweise;
dann aber werde ich erkennen, [b]gleichwie
ich erkannt bin.
13 Nun aber bleiben [a]Glaube, Hoff

(1. Korinther 13,12)

Dein Name werde geheiligt.

10 **Dein Reich komme.
Dein Wille geschehe
wie im Himmel so auf Erden.**[a]

11 Unser tägliches Brot* gib uns heute.[a]

(Matthäus 6,10)

Was könnte Gott für dich wollen?

Schreibe hier einen oder mehrere Sätze aus der Bibel auf und verschenke sie.

hinterlassen und den Ertrag deiner Arbeit
den Erben geben?[a] 16 Schenke und lass
dich beschenken, und gönne dir etwas;
[17] denn in der Unterwelt lässt sich nicht
schwelgen.
17 [18] Alles Fleisch verschleißt wie ein

(Sirach 14,16)

Falls du gerade eine leere Seite brauchst...

Schreib eine kurze Geschichte, in dem alle diese Wörter vorkommen: „geben" - „erkennen" - „annehmen" - „halten" - „sollen" - „Mensch" - „Namen" - „Knie" - „Erde" - „Raub"

Wenn du damit fertig bist, lies Philipper 2,5-11.

Mach in jedes Feld einen Fleck. Probiere unterschiedliche Substanzen aus, am besten solche, die du sowieso gerade benutzt.

Menschen, die Vielfalt der Pflanzen und
die Kräfte der Wurzeln.[a] 21 So erkannte
ich alles, was verborgen und was sichtbar
ist; 22 denn die Weisheit, die alles kunst-
voll gebildet hat, lehrte mich's. [22][a]Denn
es wohnt in ihr ein Geist, der verständig
ist, heilig, eines und vieles zugleich, fein,
beweglich, durchdringend, rein, klar, un-
versehrt, freundlich, scharfsinnig, 23 unge-
hindert, wohltätig, [23]menschenfreund-
lich, beständig, gewiss, ohne Sorge; er
vermag alles, sieht alles und durchdringt
selbst alle Geister, die verständig, rein und
fein sind. 24 Denn die Weisheit ist reg-
samer als alles, was sich regt, sie geht und

(Weisheit 7,21-23)

Such dir einen Bibelvers aus, der dir gerade etwas sagt. Schreib ihn hier auf. Trenne dann die Seite heraus und trage sie eine Woche lang bei dir. Nimm sie zwischendurch immer mal wieder zur Hand und lies den Vers. Was sagt er dir jetzt? Wenn es geht, notiere dir ein Stichwort dazu auf der Rückseite des Blattes.

Such dir einen Dornenzweig. Wenn er biegsam genug ist, forme einen kleinen Kranz. Male ihn mit Tusche oder anderen Farben an. Drücke ihn fest auf diese Seite, bis ein Abdruck entsteht. (Am besten benutzt du dazu Arbeitshandschuhe; zur Not geht es auch mithilfe einer dicken Pappe oder mit einem Stück Holz. Das Papier darf ruhig Löcher bekommen.)

wesen ist.
[6]Und du, Menschenkind, sollst dich
[a]vor ihnen nicht fürchten noch vor ihren
Worten fürchten. Es sind wohl wider-
spenstige und stachlige Dornen um dich,
und du wohnst unter Skorpionen; aber
du sollst dich nicht fürchten vor ihren
Worten und dich vor ihrem Angesicht
nicht entsetzen – denn sie sind ein Haus
des Widerspruchs –, [7]sondern du sollst
ihnen meine Worte sagen, sie gehorchen

(Hesekiel 2,6)

Was ist gerade stachelig und widerborstig bei dir?
Was brauchst du, um dich vor Verletzungen zu schützen?

Schreibe Briefe an dich selbst:
1.) als Kind
2.) in 20 Jahren

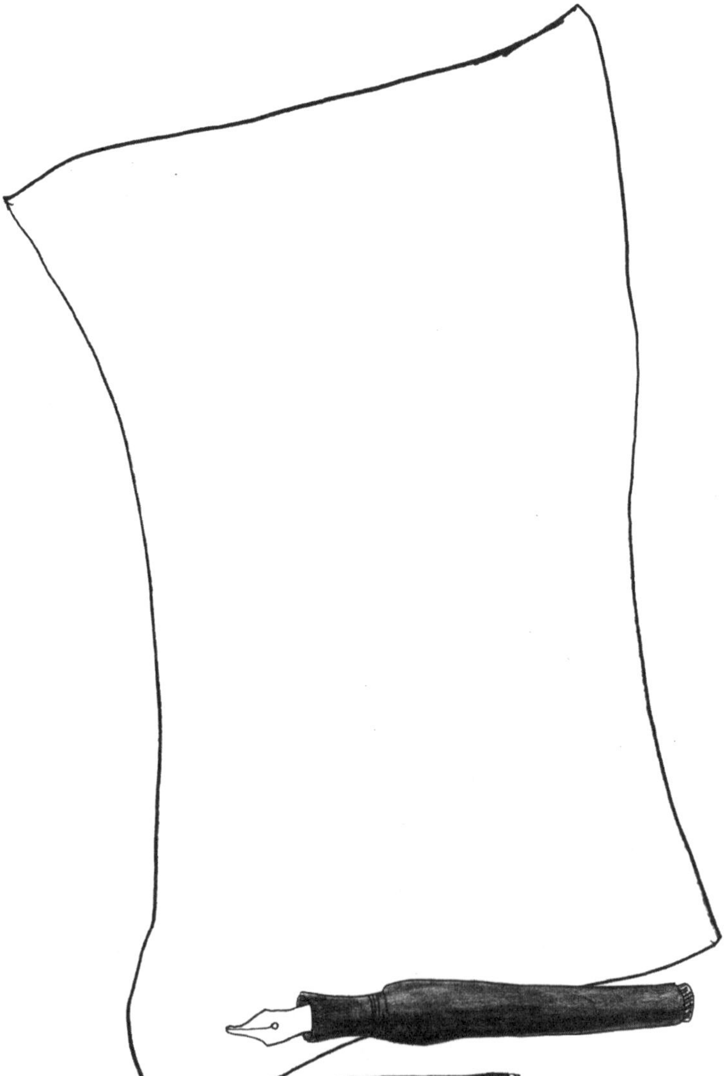

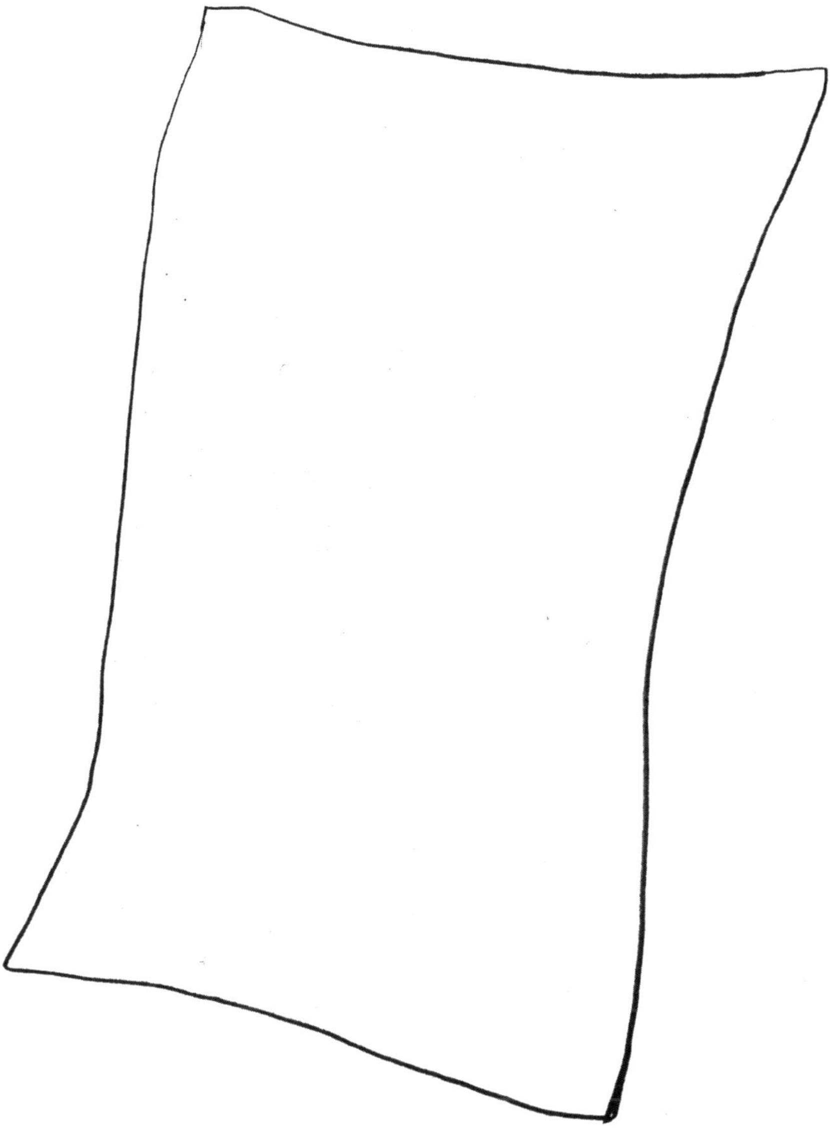

Lies Jeremia 29,1-23.

Stell dir vor, das, was dich gerade am meisten belastet oder beeinträchtigt, wäre morgen einfach weg. Wie sähe das aus?

Lies Johannes 5,1-9.

nehme sein Kreuz auf sich täglich und
folge mir nach. 24 Denn wer sein Leben
erhalten will, der wird es verlieren; wer
aber sein Leben verliert um meinetwil-
len, der wird's erhalten.[a] 25 Denn wel-
chen Nutzen hätte der Mensch, wenn
er die ganze Welt gewönne und verlöre
sich selbst oder nähme Schaden an sich
selbst?
26 Wer sich aber meiner und meiner

(Lukas 9,24-25)

Reiß diese Seite aus dem Buch und
lass sie irgendwo verloren gehen.

Akzeptiere den Verlust.

Schau in den Himmel. Was siehst du? Was geschieht?
Beschreibe es bis ins kleinste Detail.

Hat je ein Mensch gesagt, er wolle vernichtet werden? 21 Eben sah man das Licht nicht, das hinter den Wolken hell leuchtet; als aber der Wind daherfuhr, da wurde es klar. 22 Von Norden kommt goldener Schein; um Gott her ist schrecklicher

(Hiob 37,21)

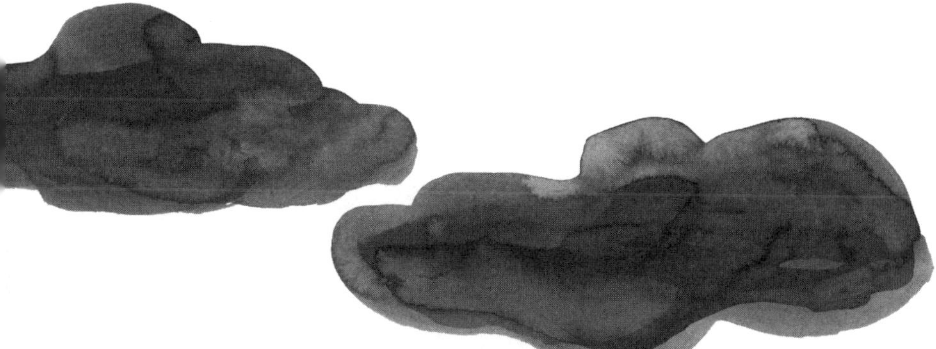

Lies Lukas 15,11-31. Erzähle die Geschichte als Comic.

NEJIIIN!
KRASCH

Reiße hier ein Stück Papier ab und kaue darauf herum.
Du musst es ja nicht gleich verschlucken ...
Dokumentiere, wie sich das anfühlt.
Lies Hesekiel 3,1-3.

Lege verschiedene Münzen unter diese Seite und pause sie durch. Wie wichtig ist dir Geld?

und sah andere auf dem Markt müßig ste-
hen 4 und sprach zu ihnen: Geht ihr auch
hin in den Weinberg; ich will euch geben,
was recht ist. 5 Und sie gingen hin. Aber-
mals ging er aus um die sechste und um

(Matthäus 20,4)

Lies Matthäus 20,1-15.

Sammle Glücksmomente!
Deine persönlichen und die von anderen.

euch, dass ihr nicht vergeblich die
Gnade Gottes empfangt. 2 Denn er spricht
(Jesaja 49,8): »Ich habe dich zur willkomme-
nen Zeit erhört und habe dir am Tage des
Heils geholfen.« Siehe, [a]jetzt ist die will-
kommene Zeit, siehe, jetzt ist der Tag des
Heils!

(2. Korinther 6,2)

Lies Matthäus 5,1-11.

Kennst du die Engel von Paul Klee: zornig, noch tastend, arm, vergesslich, voller Hoffung, zweifelnd ...? Besorge dir ein Bild von dem Engel, der dich gerade besonders anspricht. Klebe es hier ein und gestalte die Szene, die für dich dazugehört.

Lies 1. Könige 19, 1-13.

und getrunken hatte, legte er sich wieder
schlafen. 7 Und der Engel des HERRN kam
zum zweiten Mal wieder und rührte ihn
an und sprach: Steh auf und iss! Denn
du hast einen weiten Weg vor dir. 8 Und
er stand auf und aß und trank und ging

(1. Könige 19,7)

Fülle diese Seite mit Leichtigkeit.

keit, [p]so wird euch das alles zufallen.
34 Darum sorgt nicht für morgen, denn
[q]der morgige Tag wird für das Seine sor-
gen. Es ist genug, dass jeder Tag seine
eigene Plage hat.

(Matthäus 6,34)

Richte dir das Haus deines Lebens ein.

mehr als zur Zeit, da es Korn und Wein gibt in Fülle.
9 **Ich liege und schlafe ganz mit Frieden;**
denn allein du, HERR, hilfst mir, dass ich sicher wohne.[a]

(Psalm 4,9)

Schöner wohnen mit Kolosser 3,16 und 2. Korinther 12,9.

Hier ist Platz für deine persönliche Bibel-Landschaft.
Meistens wird die Bibel als Bibliothek mit vielen Büchern beschrieben.
Warum nicht einmal anders: ein Bild von der Bibel als Landschaft mit Kontinenten, Bergen und Tälern, mit Dickicht, Wüsten und Quellen ... Wie könnte das aussehen?

Über den Autor

Johannes Goldenstein, Jahrgang 1967, hat sich mit der Bibel wissenschaftlich beschäftigt und dabei einmal mehr entdeckt, welche Impulse sie immer wieder für den Glauben und das eigene Leben geben kann. Er befasst sich mit Praktischer Theologie (Gottesdienst, Kirchenlie der, Spiritualität), macht Musik und ist mit der Fotokamera unterwegs. Nach Zeiten an der Hochschule, in der Kirchengemeinde und an einer Evangelischen Akademie arbeitet er zurzeit im Kirchenamt der Evangelischen Kirche in Deutschland.

Über die Illustratorin

Foto © Diana Djeddi

Amelie Persson ist Deutsch-Schwedin und lebt und arbeitet als Autorin und Illustratorin in London. Nach dem Studium der Soziologie in Frankfurt am Main, studierte sie Illustration an der School of Visual Arts in New York. In ihrem Atelier namens „words & illustration" befindet sich eine riesige Stiftesammlung, sowie mehrere Espressokännchen. Am liebsten hört sie Musik oder Radio, trinkt dabei Kaffee und zeichnet.